Was das Leben ausmacht

ausmacht

Gedichte von Benjamin G.

Was das Leben ausmacht

Gedichte von Benjamin G.

Vorwort

Wir leben in einer Welt. Wir leben. Manchmal geht es
bergauf und manchmal bergab. Was macht das Leben aus?
Was macht es glücklich, schön oder aber auch schwierig?

Ein paar Gedichte. Aus dem Leben geschnitten.
Erlebtes und Ersehntes. Freude und Trauer, Sehnsucht und
Enttäuschung. Was das Leben halt ausmacht...

Gedichte, auch als Andacht geeignet oder als Impuls für
zwischendurch. Zum drüber nachdenken oder einfach
geniessen. Viel Freude wünsche ich dabei!

einige Gedichte:
besinnliche Texte.
Gedanken über das Leben.
Was gibt Halt und Sinn, Erfüllung?

Inhaltsverzeichnis

Was das Leben ausmacht...1

Licht..3

Geld...5

Kunst..6

Autofahrt...8

Ich muss mal...9

Starbucks Zürich..13

Homeweek...13

Migrosexpress...14

An Tagen wie diesen...15

Ich sammle Blicke..16

Ich sehe zwei Rehe...18

Essen macht mich glücklich...............................20

Der Mond scheint hell......................................21

Dankbar für das Alltägliche..............................22

Wenn die Sonne durch die Wolken bricht..........25

Momente des Glücks...30

Vor unserer Tür...33

Die Orangen-Saft-Presse..................................37

An der Kreuzung..41

Auf dem Friedhof..44

In der Einsamkeit berge ich mich in Gott.............47

Versöhnt..50

In dir bei mir angekommen................................52

Der Erlöser..54

zu Bibeltexten. andachtsmässig..................55

Das grosse Gastmahl...55

Der liebende Vater...56

Freitagmorgen auf einer Bank - Gott sei Dank......58

Täglich suche ich Gott..60

So unendlich frei..62

Wo ist das Reich Gottes?....................................63

mit dem Leben kämpfen. Leid.....................65

Spontane Gedanken aufgeschrieben....................65

Alleine fühlt man sich nur halb ganz...................67

Mich langweilt mein Leben................................68

Gott heile mich..71

Wenn es draussen regnet - Regen.......................73

Auf der Suche nach Lebensinhalt........................80

Zwischenzeit...84

Was das Leben ausmacht – ein Gedicht........89

Was das Leben ausmacht

2018-02-07 20.44

Was das Leben ausmacht,
ist, es zu leben!

Träume nicht nur träumen,
sondern in Realität ausleben.
Leben nicht vor sich herschieben,
sondern darin eintauchen.
Wünsche nicht nur denken,
sondern danach handeln.
Die Welt nicht nur aus Geschichten kennen,
sondern mit eigenen Augen sehen.
Freundschaften nicht nur herbeisehnen,
sondern aktiv auf sie zugehen.
Den Mut zusammennehmen
und mein Leben gestalten, danach leben,
was ich mir wünsche,
was ich mir erträume,
tun, was ich tun will.

Wünsche erfüllt sehen, Träume wahrhaftig erleben!

Ein gutes Frühstück mit Freunden.
Ein Filmabend mit meiner Frau.
Radfahren mit der Katze auf der Schulter.

Ein Eis essen mit 7 Kugeln.
In der Badewanne Schokolade geniessen.
Musik hören und laut mitsingen.
Meinen Nachbarn zum Kaffee einladen.
Der Kassiererin zum Geburtstag gratulieren.
Während dem Lobpreis im Gottesdienst
ungehemmt tanzen
wie David vor der Bundeslade.

Im Starbucks einen Vanille Latte Macchiato bestellen,
ihn dem Obdachlosen auf dem Arbeitsweg schenken.
Den unfreundlichen Busfahrer freundlich anlächeln,
einen guten Morgen beim Einsteigen,
beim Aussteigen einen guten Tag wünschen.
Cola auch mal warm trinken,
es lieben lernen
und morgen wieder tun.
Um 5 Uhr aufstehen, den Berg hochlaufen,
die Sonne beim Aufgehen betrachten.
Den Moment geniessen!

2018-05-20 16.15

Mit der Bahn in alle Ecken des Landes fahren.
Geheimgänge erforschen und verborgene Orte entdecken.
In alle Welt hinausschreien wie glücklich ich bin,
in meinem Zimmer mich verbarrikadieren und
still ein Buch lesen.
Ein Fotoalbum von Hand zusammenstellen,

dazu an Wein und guter Musik mich erfreuen,
in alten Erinnerungen schwelgen
und mir die Zukunft in allen Farben ausmalen.
In ferne Länder Reisen,
fremde Städte unsicher machen.
Um die halbe Welt reisen und mich dann wieder
Zuhause heimisch fühlen.

Licht

2018-02-07 07.35

Licht scheint
und strahlt aus sich heraus
es verbreitet eine Atmosphäre
in der man sich sehen kann

Wo Licht beginnt zu leuchten
ist Dunkelheit plötzlich weg
denn in der Dunkelheit ist nur das Licht
abwesend

Licht strahlt und scheint
und erfüllt einen Raum
Wenn am Morgen die ersten Sonnenstrahlen
die Berggipfel erklimmen
ist die Nacht vorüber und
der Tag kommt heim

In der Nacht ist Bangen
in der Finsternis ein Verlangen
dass es endlich wieder hell werde
und meine Verzweiflung und die Sorgenberge
ein Ende nehmen, sich der Nebel verzieht
weil im Licht wieder alles anders aussieht

Licht scheint
auch in der Finsternis
flieht das Dunkel
vor dem Licht

Dort draussen in der Nacht
ein Feuer
es zieht mich dort hin
doch ist's mir nicht ganz geheuer
dennoch weiss ich
so schlimm kann's nicht sein
denn in des Lichtes Schein
wird alles viel harmloser erscheinen
als hier in dieser grossen Dunkelheit

Und so sitze ich
hier in dem Dunkel
Die Rede von Helligkeit
scheint mir ein Gemunkel
Und doch weiss etwas
und alles in mir
ich soll mich getrauen

Was das Leben ausmacht

auf diese kleine Hoffnung bauen
bis ein Körnchen Mut entsteht
und alle Angst vergeht
ich aufstehe und losgehe
hinein in das Abenteuer
hinaus ins Ungewisse
dem Licht entgegen

Geld

2017-08-05 12.24

Geld und Glaube
im Zusammenhang
hat
für mich
immer so einen
komischen
Beigeschmack
im Abgang.
Geld ist ein
„notwendiges Übel"
auf diesem Planeten
zumindest im Westen.

Was ist Käuflichkeit
und wozu
bin ich
bereit?

Wem gehört
das Geld,
der Besitz
und
was soll
ich
damit tun?
Leben!
Und sonst?
Dienen!
Und was noch?
Ich weiss es
nicht immer.

Kunst

2018-01-12 14.24

Kunst.
Ein Praliné
auf dem Holztisch.
Ein Praliné
in braun gewelltem Papier
eingepackt.
Ein Praliné,
weshalb?

Kunst.
Ein offenes Buch
mit schwarzen Seiten.
Kreation darin,
kleine Bilder, Gemälde,
Farbansammlungen.
Ein Buch bemalt mit Pinselstrichen,
weshalb?

Kunst.
Ein weisses Papier
liegt neben dem Schokoladenrund.
Raum, auf dem etwas entstehen kann.
Fläche, auf der etwas entstehen wird.
Ideen sind da, Inspiration auch.
Ein weisses Blatt,
weshalb?

Kunst.
Ein Haus voller Eindrücke.
Risse in der Decke,
Holzboden Natur.
Es lebt, alles darin ist einzigartig.
Pflanzen, Skulpturen,
Kronleuchter und Wandmalereien.
Kunst, weshalb?

Autofahrt

2017-12-17 07.09

Autofahrt.
Motorstart.
die Räder rollen an,
Wagen gefüllt
mit Gepäck und zwei Mann.

Die Strassen sind frei,
der Schnee ist vorbei.
Er ist geschmolzen und weggetaut,
so hab ich mich und meine Ware dem Fahrer anvertraut.

(07:20) Wir sind unterwegs auf der Autobahn A81.
Wir freuen uns sehr
und die leeren Strassen
finden wir spassig.
Es wird langsam hell,
es dämmert gemächlich.
Das Morgengrau kommt,
wird rötlich allmählich.

Der Tag bricht an,
am Horizont ein Lichtstreif.
Die Landschaft verschneit,
auf den Strassen kein Glatteis.

(08:04) Die Sonne geht auf,
noch ist sie verborgen.
Es wird hell, es werde Licht,
sie scheint durch's Wolkendickicht.

(08:35) Jetzt kommt sie hervor,
scheint uns auf die Flur.
Die Wolken durchbrochen,
erleuchtete Natur.
Die Sonne scheint uns an,
sie zwinkert uns zu.
Felder ziehen vorüber,
die Zeit vergeht im Nu.

So sind wir die Fahrenden
und sind noch nicht da.
Wir sind die Gegangenen,
doch kommen bald an.

Ich muss mal

2018-01-12 16.07

Druck in der Blase.
Voll ist sie.
Es fühlt sich
zumindest so an.
Meine Niere hat gearbeitet,

fleissig
habe ich Tee getrunken.
Doch ich bin auf Besuch.
Getrau mich nicht
aufzustehen.
Oder war zu inspiriert,
um diesen Text
niederzulegen.

***

Es drückt,
drückt nach aussen.
Es will raus,
will Wasser laufen lassen.
Es regt mich an,
ein wenig Sturm,
doch viel mehr Drang.

Eine Fliege an der Fensterscheibe.
Wenn ich noch lange hier am Tische bleibe
geht der Druck vielleicht wieder weg.
Ich gewöhn mich dran
oder auf meiner Hose gibts nen Fleck.
Oder sonst passiert irgendwas,
auf jeden Fall wird
irgendwann
irgendetwas
nass! ;-)

Was das Leben ausmacht

***

Ich sitze so da,
nehm die Umgebung wahr.
Ich sitze noch drin,
bald muss ich mal raus.

Ich muss mal – wenn es in meinem Kopf spannt
oder mein Gemüt gebannt
niedergedrückt wird,
niedergeschlagen.

Ich muss mal
raus
und rennen gehen
oder
prokrastinieren,
im Bett auf die andere Seite drehen.
Und schlafen.
Das muss ich
manchmal
auch.

***

Die Blase drückt.
Ich rück
auf dem Stuhl hin und her.
Es wird langsam schwer,

nicht fröhlich zu sein.
Ich lächle leicht
vor Glücklichkeit.
Da fällt mir ein,
ich lebe.
Und das ist
ein Geschenk.

Ich lausche den Gesprächen.
Die Fliege am Fensterglas
putzt sich das Hinterteil,
vielleicht bald auch die Flügel?
Mir wird warm.
Ich trinke noch etwas Tee.
Mir wird wieder kälter.
Die Blase drückt noch immer.
Ich werd älter.

Ich muss mal – aufs Klo.
Und irgendwann werde ich sterben,
gehe von Erden.

***

Noch immer voll ist der Harnbehälter.
Druck in der Blase.
Ich muss mal...
(16:32)

Starbucks Zürich

2018-01-15 12.02

Ich sitze da und schaue raus. Ich schreibe Texte.

Eine weisse Taube
kackt
just in dem Moment
als ich zum Fenster rausschaue
auf die Plakatsäule

Und die Sonne kommt
aus den Wolken hervor
als ich auf die Uhr
über dem Haupteingang
des Zürich HB
schaue

Homeweek

2018-02-28 22.49

Die einen spielen Klavier.
Die anderen Gitarre.
Jeder für sich.

Die einen sind im Gespräch miteinander.
Die anderen stehen nur so da.
Allein.

Die einen liegen auf der Couch.
Die anderen spülen das Geschirr.
Beide tun etwas.

Die einen fachsimpeln über theologische Themen.
Die anderen spielen Uno ohne Zusatzregeln.
Einfach so.

Die einen kommen an.
Die anderen kochen.
Und jene erledigen ihre Hausaufgaben.

Musik läuft im Hintergrund.

Migrosexpress

2018-01-06 13.17

17 Menschen sitzen.
Vier Leute stehen an der Kasse an.
Zwei schwangere Frauen.
Ein DHL Kurier.
Ein Motorradfahrer mit Helm.
Die Plätze lichten sich wieder.
Migrosexpress.

Was das Leben ausmacht

An Tagen wie diesen

2018-01-10 10.37

An Tagen wie diesen
fühle ich mich leicht und beschwingt.
Die Sonne scheint,
der Vogel singt.
Ich gehe raus,
hab schon viel gearbeitet.
Ich gehe los, Computer in der Tasche,
das Treffen vorbereitet.
Das Wetter ist traumhaft,
mein Herz schlägt fröhlich.
Ein Lächeln auf dem Gesicht,
mein Gemütszustand selig.

An Tagen wie diesen
ist das Leben einfach schön!
Meine Haare trocknen in der Sonne,
ich brauch keinen Föhn.
Ich brauch keinen Kaffee,
der mich belebt,
ich bin hellwach,
geh freudig meinen Weg.
Ich mach die Dinge, die ich tu,
bin motiviert,
manches braucht lange,

anderes erledigt sich im Nu.
Der Kaffee nach dem Essen
schmeckt trotzdem gut,
das Leben gibt mir heute neuen Mut.

Ich geniesse und weiss,
es ist nicht vergeben-s.
An Tagen wie diesen,
lass ich mich neu beleben.
An Tagen wie diesen
ist das Leben wunderbar.
Die Sonne scheint,
der Himmel ist klar.
Und so fühlt es sich an,
grossartig und warm.
Der Kopf ist klar,
die Gedanken frei
oder auch umgekehrt ;-)
– ach, wenn es doch immer so sei!

Ich sammle Blicke

2017-12-01 11.26 – auf einem Spaziergang

Ich sammle Blicke.
Ich sammle Blicke von Menschen.
Ich sehe ihnen in die Augen,
sie sehen mich.

Ich sammle Blicke.
Ich sammle fröhliche Blicke
und traurige.
Ich sammle Emotionen
und Gefühle.

Ich sehe umher
und wenn sich vier Augen treffen,
dann wird ausgetauscht.
Wir tauschen aus, ein Lächeln, Gefühle. Und manchmal
auch Worte, einen Gruß.

Ich sammle Blicke.
Denn wenn ich Blicke sammle,
dann begegne ich Menschen.
Wenn ich Menschen begegne,
dann lebe ich.

Ich sehe ein Kind,
es lächelt mich an,
sagt hallo.
Ich blicke zurück,
lächle zurück,
sage hallo.

Emotionen, Gefühle,
sie machen mich aus.
Leben besteht aus Beziehung.
Sehen sich zwei Menschen in die Augen,

entsteht Begegnung.
Begegnen sich zwei Menschen,
treten sie in Beziehung.

Ich lebe und spaziere.
Ich spaziere und sammle Blicke.

Ich sehe zwei Rehe

2017-10-25 9.22

Ich sehe zwei Rehe
stehen auf der Wiese.
Ich sehe zwei Rehe,
die rennen grad herum.

Ich sehe zwei Rehe,
die freuen sich des Tages,
der Sonne und des Grases.
Ich sehe zwei Rehe
nahe am Waldrand,
dort kommen sie her.

Ich sehe die Berge
weit entfernt und doch so gross.
Ich sehe die Berge
schneebedeckt und wunderschön, famos!

Ich sehe die Berge,
betrachte sie lange.
Gewaltige Aussicht,
ich staune.
Ich sehe die Berge,
mach mich langsam wieder auf,
geh weiter und schaue.

Ich seh eine Kuh,
sie steht auch auf der Wiese.
Ich seh eine Kuh,
vom Wegrand schaut sie mir zu.

Ich seh eine Kuh,
die schaut mich fragend an:
Was ist das für einer, dieser Mann?
Ich seh eine Kuh,
streckt ihren Kopf nun zu mir,
schnuppert interessiert, streck meine Hand zu dir.

Ich seh einen Weg,
weiss nicht, wo er hinführt.
Ich geh ihn entlang, vielleicht irgendwann
führt er mich dahin, wo ich sein soll.
Ich seh einen Weg
und geh ihn mit dir,
denn du Gott, du führst mich darauf.

Wohin mich der Weg auch führen mag,

bin ich mit dir unterwegs bei Nacht und bei Tag.
So bin ich daheim
und immer geborgen,
bin ich unterwegs
doch niemals allein.

Ich sehe zwei Rehe,
sie geh'n zurück in den Wald.
Ich sehe zwei Rehe
und freu mich deshalb.

Essen macht mich glücklich

2018-01-27 12.57
Essen macht mich glücklich
Essen macht mich froh
dann bin ich zufrieden
und das einfach so

2018-02-06
Essen schmeckt lecker
Essen macht meist satt
nach dem Essen bin ich fröhlich
doch körperlich meist schlapp

Die Stimmung im Hoch
der Mittag im Tief

deshalb wird Kaffee verlangt
oder durch ein Schläfchen gut entspannt

Hab ich gegessen
bin ich wieder munter
Gesprächigkeit nimmt zu
Hemmschwelle geht runter

Durch Essen entsteht Gemeinschaft
in Gemeinschaft gehts mir gut
Durch Essen und Gemeinschaft
schöpfe ich neuen Mut

Der Mond scheint hell

2018-03-02 23.06

Der Mond scheint hell
scheint mir zum Fenster rein
Er ist fast voll, drum grell
leuchtet mit weiss-hellem Schein

Ich schaue ihn an
er ist so schön rund
er zieht mich in Bann
zwei Augen, ein Mund

Der Mann im Mond
so nennt man ihn
Wieso nicht „die Frau"
wieso nicht feminin

Der Mond, weit oben
sieht auf uns herab
und wir so klein hier unten
machen am Abend schlapp

Wenn er des Nachts herunter scheint
so ist es Zeit zu schlafen
um dann in neuer Munterkeit
am Morgen aufzuwachen

Der neue Tag hat viel bereit
an Arbeit und auch freier Zeit
bis am Abend dann wie immer
der Mond scheint rein ins Arbeitszimmer

Dankbar für das Alltägliche

2018-02-16 18.11

Ich bin heute mal dankbar für das Alltägliche.
Ich bin heute mal dankbar für das, was nicht ist.
Und es gut ist, dass es nicht ist.

Ich bin dankbar dafür
dass ich heute Morgen
wieder aufgewacht bin
Ich bin dankbar dafür
dass es heute Morgen
draussen wieder hell geworden ist

Ich bin dankbar
für meine Augen
die die Risse
in der Decke meines Schlafzimmers
noch sehen können
für meine Beine
dass sie mich
bis ins Badezimmer
tragen
und den ganzen Tag überall
dort hin
wo ich
hingehen
werde

An der Supermarktkasse wurde
meine Kreditkarte
akzeptiert
wie immer
und am Ende des Monats
war genug

Geld da
um die Rechnungen
zu bezahlen

Meine Frau
sieht mich
beim Frühstück
noch mit ihren
tiefblauen Augen
an
und giesst
den Kaffee
mit einem Lächeln
in meine Tasse

Meine LED Lampe leuchtet auf
wenn ich den Lichtschalter drücke
mein Magen behält das Essen
das ich mit Leidenschaft verdrücke

Das Wasser fliesst
wenn ich den Hahn drehe
die Milch ergiesst
sich in die Tasse
wenn ich die Kanne kippe

Mein Rücken schmerzt nicht
mein Kopf tut nicht weh
mein Magen knurrt nicht tagelang

Was das Leben ausmacht

mir ist nicht angst noch bang
denn Krieg und Verfolgung ist für mich
ein Fremdwort

Für all das bin ich dankbar!
Ich bin dankbar dafür
dass vieles Alltägliche
das für mich
Selbstverständliche
so ist
und Vieles
das sein könnte
nicht ist

Wenn die Sonne durch die Wolken bricht

2017-12-26 16.21

Wenn die Sonne
durch die Wolken bricht
brechen Wolken auf und
die Landschaft
erstrahlt im Licht

Die Düsterkeit lichtet sich
was düster war wird nun klar

und Klarheit kommt
wo Verwirrung war
denn entwirrt wird
das Durcheinander der Gefühle
und durcheinander geratene Emotionen
sind wieder beieinander

Wenn die Sonne
durch die Wolken strahlt
ihre Strahlen die Grashalme
und den Boden wie mit Gold bemalt
leuchtet golden der Wald auf
und was belastet, wird plötzlich leicht

Die Lasten auf meinem Rücken
die auf den Magen schlagen
mich bedrücken und plagen
scheinen wie weggeblasen
die Plage hat ein Ende
wie wenn Blasen an den Füssen
aufhören zu schmerzen
und der Schmerz verklingt
und ich mich frei fühl, beschwingt
kann ich dem Klang
meines Herzens
wieder Gehör
schenken

***

Ich bin im Tief des Winters angelangt. Ich kämpfe mit mir, bin meist mutlos und manchmal den Tränen nahe. Ich bin nicht so leistungsstark wie sonst und mein Körper spielt verrückt. Mein Kopf schmerzt öfters, Stress überflutet mich, mein Bauch macht nicht mit und meine Kräfte, wie manchmal auch die Energie, schwinden. Es ist draussen trüb und so ist auch meine Stimmung. Ich mach das, was nötig ist, das Nötigste, und manchmal auch weniger. Ich mach so viel, wie ich kann. Und manchmal auch mehr, dann überarbeite ich mich und mein Körper, der Kreislauf, verabschiedet sich und gerät in Panik. Dann muss ich Pause machen, auf mich schauen und warten, denn es geht vorbei. Ich nehme mir Zeit für mich, manchmal leider auch nicht. Und ich schau zu mir, probier, dass ich was Gescheites esse, drei Mahlzeiten am Tag mindestens. Und ich versuche, genug zu schlafen, gehe früh ins Bett und leg einen Mittagsschlaf ein. Manchmal auch zwei.

Und wenn dann die Sonne draussen aufgeht, wenn sie durch die Wolken bricht, dann ist plötzlich alles hell um mich und auch in mir drin breitet sich ein Licht aus. Ich fühl mich leicht und alle Sorgen und Beschwerden sind weg, ich fühl mich einfach wieder gut. Die Welt ist wieder in Ordnung. Für einen Augenblick. Für den Moment ist alles gut. Die Sonne scheint und ich bin glücklich.

***

Wenn die Sonne aufgeht
ist die Nacht vorbei
Frieden kehrt ein
die Schlacht ist vorüber
Gewicht ist wie weg
was mich niederdrückt
vergeht

Freiheit kommt wieder
die Freude
mit ihr
ich kann wieder sehen
die Sonne lächelt
ich lache
mit ihr

***

Wenn die Sonne
durch die Lastendecke bricht
brechen Ketten auf
und was mich gefangen hielt
flieht und Sorge erlischt

Die Sorgen
die mich quälten
die Qualen
die mich schälten
sind einfach gegangen

Was das Leben ausmacht

und mein Bangen
verschwunden

Es wird plötzlich hell
und alles erstrahlt in neuem Licht
eine Leichtigkeit
macht sich breit
und meine Mundwinkel
werden verschoben
nach oben

Die Schwermut ist vorbei
was mich schwer machte
und auf mir lastete
ist auch weg
bricht entzwei
und neuer Mut
tut meinem Geist gut

Ich bin wieder begeistert
erleichtert, beglückt
fühle mich leicht
und voller Glück
schaue ich der Zukunft
entgegen
betrete meine zukünftigen
Wege
bin wieder froh
einfach so

Wenn die Sonne
durch die Wolken bricht
brechen Wolken auf und
die Welt
erstrahlt
von Neuem
im Licht

Momente des Glücks

2018-02-21 16.50

Momente des Glücks
sind zu finden
im Moment

Momente des Glücks
sind kleine Geschenke
die plötzlich da sind
wenn man sie nicht erwartet
oder am dringendsten braucht

Momente des Glücks
sind es
die das Leben ausmachen

Momente des Glücks
sind die kleinen Lichtblicke
in der Dunkelheit
die ruhigen Augenblicke
in der gestressten Welt

***

Draussen ist es trüb und bewölkt. Die Sonnenstrahlen kommen nicht durch die Wolkenschicht, nur gedämpftes Licht. Schnee kommt auch nicht von oben heute. Ich kämpfe mich durch den Tag und gegen eine Erkältung an. Haushalten, putzen, aufräumen und einkaufen. Kopfschmerzen sind auch da. Wo kommt die gute Laune her, die ich mir ersehne? Woher die nicht vorhandene Freude?

Vor dem Mittagsschläfchen bekomme ich plötzlich Lust auf Waffeln. Nach dem Nickerchen setze ich den Traum des Schlemmens um und gehe erneut einkaufen. Waffeln getoastet, Bananen geschnitten, Kaffee zubereitet. Jetzt sitze ich da, am Wohnzimmertisch und geniesse. Nur ich und der reich gedeckte Teller vor mir. Ich und meine Waffeln. Ich geniesse. Und da kommt sie, die Freude. Da kommt die gute Laune, ich wurde gestärkt durch einen Moment des Glücks. Ich danke Gott dafür!

Einfach innehalten im Alltag. Innehalten und geniessen. Es ist ein Aufwand, aber ein kleiner. Von Nichts kommt nichts. Zum Geniessen gehört die Vorbereitung, zum Leben, sich Zeit zu nehmen für das Wichtige, das, was mich freut im Leben und mir Lebensenergie gibt.

Manchmal ist es einfach einfach. Kurz innehalten. Nur 5 Minuten. Doch es bringt so viel! Ein kleiner Spaziergang an der frischen Luft. Bestaunen der Schöpfung. Tief einatmen, die gut riechende Luft wahrnehmen. Den Vögeln zuhören, wie sie Gott preisen. Dem Hund in die Augen sehen und sich mit seinem Schwanzwedeln freuen. Dem Nachbarn „guten Tag" sagen und ein Lächeln austauschen. Momente des Glücks!

***

Momente des Glücks
geben mir neue Kraft
wenn ich am Boden bin
schenken neue Hoffnung
in der Einsamkeit
wenn alles verloren scheint

Momente des Glücks
lassen mich wieder aufatmen
wenn ich vor lauter Aufregung
das Atmen vergesse
vermitteln wieder neuen Durchblick

Was das Leben ausmacht

wenn ich mich vor lauter Verbissenheit
im Detail verloren habe
Momente des Glücks
sind die kleinen Freuden
im Alltag
die mich (wieder) aufstellen
und das Leben froh machen
das Leben ausmachen

Momente des Glücks
sind es
in denen
ich
Gott begegne
da
wo ich bin
wenn ich
mir Zeit nehme
dafür

Vor unserer Tür

2017-10-23 9.19

Vor der Tür,
draussen.
Vor meiner Tür.

Vor deiner auch?
Wie ist es da?
Kalt und düster
am Abend im Winter.
Oder, wie im Sommer,
warm und noch so flau?
Wer ist da,
was ist da?
Ist da,
vor unserer Tür,
etwas,
jemand?

Wer klopft an und
wer nicht?
Lass ich herein
den, der anklopft und
die, die sich nicht getraut
auf Besuch
zu kommen?

Drinnen und
draussen.
Ich drin,
du nicht?
Geh ich hinaus
in die Welt,
ist es auch

meine Welt,
diese,
die vor der Türe ist?

Beim Zähneputzen
geh ich manchmal
vor die Tür.
Schaue umher,
lausche.
Sehe dem Igel zu,
der durch den Garten huscht.
Höre der Eule,
ihrem Gesang,
aufmerksam zu,
wie schön
sie uhuht.
Ich rieche
die frische Luft,
atme sie ein.
Geniesse.

Vor meiner Türe,
da finde ich
Leben,
wenn ich drinnen
nur lustlos sitze.

Manchmal
muss ich raus,

um wieder
lebendig
zu werden,
Leben
zu sehen.
Weg aus meinen vier Wänden.
Weg aus dem Alltagstrott.
Raus!

Gott,
du hast das
so wunderbar
gemacht,
deine Schöpfung,
die lebt.
Menschen,
Tiere,
Pflanzen.
Wind
und Sonne,
Sterne in der Nacht.

Ich setze mich
in ein Kaffee oder
auf dem Dorfplatz
auf eine Bank.
Ich schaue
und sehe,

lausche
und höre,
was da sich bewegt
und lebt und
freudig
lebendig ist.
Ich lächle,
Freude
überkommt mich.

Die Orangen-Saft-Presse

2017-10-31 13.44

Ich drücke. Hebel runter, Saft raus.
Ich presse. Hebel hoch, Orangenschale raus.

Es saftet. Orangen saften.
Orangensaft ergiesst sich in die Gläser.
Frisch, farbig – Orangen-orange – duftend.
Sauer und doch auch süss.
Erfrischend sauer, verlockend süss!

Hebel hoch, Hebel runter. Schale raus, Orange rein.
Hebel runter, Hebel hoch. Orange rein, Schale raus.

Die Machine hat ein Sieb,
dieses filtert.

Die Machine hat ein Becken,
dieses sammelt.

Wir verteilen, verteilen Flyer.
Wir verteilen, verschenken Saft.
Saft, der erfrischt.
Flyer, die anregen
und einladen.

Menschen eine Freude machen.
Sie erfrischen
mit aufmunternden Worten
und belebendem Saft.
Auftanken,
um wieder Saft zu haben
für den Alltag,
für das, was ansteht.

***

Ich presse. Doch kommt da noch Saft raus?
Ich quetsche alles aus mir raus,
doch da gibt es nichts mehr rauszukriegen.

Wo bist du gerade am Pressen?
Wo versuchst du, noch mehr aus dir rauszuholen,
doch müsstest eigentlich
eine neue Orange einlegen,
mal kurz Pause machen,

Was das Leben ausmacht

dich erfrischen lassen?

***

Es klebt. Spülmaschine auf, Gläser raus.
Es tropft. Spülmaschine zu, Powerknopf rein.

Es dampft. Die Brille ist beschlagen.
Gläser trocknen an der Luft
und werden einsortiert.
Wir spülen. Aus dreckig mach sauber.
Frisch glänzend,
heiss dampfend,
kommen die Gläser raus.
Sie strahlen im Licht, wow!

Maschine auf, Machine zu. Gläser raus, Gläser rein.
Maschine zu, Maschine auf. Gläser rein, Gläser raus.

Die Machine hat ein Sieb,
dieses filtert.
Die Machine hat ein Becken,
dieses sammelt.

Kalte Gläser,
dreckige Gläser,
werden umgedreht
und reingeschoben.
Warme,
heiss dampfende Gläser,

kommen raus,
werden umgestapelt.

Ich lache.
Auf dem Boden liegt auch eine.
Orangene Flüssigkeit
fliesst tropfend
aus den Weingläsern
während dem Umdrehen.

Es klebt,
meine Schuhe schmatzen
auf dem Fussboden rum.
Es klebt,
meine Hände
an den Gläsern,
Saft
an meinen Händen.

Alles klebt!

***

Ich klebe und komm nicht weiter.
Ich steh da,
wie ange-klebt und nicht abgeholt.
Ich möchte weiter, doch komm ich nicht dahin.

Wo klebst du gerade?
Wo versuchst du weiterzukommen,

doch stehst still,
wie angewurzelt und müsstest
dich zuerst einmal lösen?

Wo steckst du fest und kommst nicht weiter,
weil dich noch etwas hält?
Wo müsstest du dich erneut reinigen,
vielleicht auch reinigen lassen,
weil alles klebt?

***

Ich geh, denn wir sind fertig.
Leute mit vitaminhaltigem Saft erfreut.
Flyer verteilt,
zu Hochschultagen eingeladen.
400 Gläser gespült und frisch eingereiht.
Alles glänzt.
Alles strahlt.
Wir auch!

An der Kreuzung

2017-10-12 08.20

Ich steh an der Kreuzung.
Ich steh einfach da.

Viele Gedanken
gehen mir durch den Kopf.
Ich beobachte.

Menschen gehen vorüber.
Autos kommen und gehen.
Zwei Strassen kreuzen sich,
Sysslomansgatan und Skolgatan.

Ich stehe auf dem Bordstein,
nahe eines Baumes.
Ich steh einfach da,
still.
Ich höre.
Ich lausche und sehe.
Ich schaue.

Zwei Menschen grüssen sich.
Er fährt Rad,
sie geht über die Strasse.
Es regnet.
Es arbeitet.
Der Regen fällt,
Bauarbeiter arbeiten.

Ich stehe noch immer da.
Schaue umher.
Werde ich angeschaut,
werde ich wahrgenommen?

Was das Leben ausmacht

Ich nehme wahr,
bin passiv
und doch
sehr aktiv dabei.

Ich beobachte und fühle mit.
Ich atme und bin ganz da.
Ich spüre den Ort,
indem ich
ganz hier
bin.

Ich spüre die vorbeigehenden Menschen,
nicht körperlich, aber ihren Gang,
wie sie sich bewegen
und vielleicht,
wie sie sich fühlen.

***

Manchmal stehe ich im Leben an Kreuzungen, vor
Entscheidungen. Wo geht es weiter? Dann verweile ich
einen Moment. Ich steh einfach da. Viele Gedanken gehen
mir durch den Kopf. Ich beobachte.

Was geschieht grad in mir? Was geschieht um mich herum?
Beeinflusst das Geschehen, welches ich wahrnehme, meine
Entscheidung? Beeinflussen meine Gedanken und mein
Fühlen mein Tun? Ich fühle und nehme wahr. Nehme ich

auch mich wahr? Nehme ich das für wahr, was in mir vorgeht? Stehe ich zu mir und dem, was ich weiss, dass ich mich dafür entscheiden will, muss, soll? Kann ich die Entscheidung treffen, die ich will, oder steht mir selber noch etwas im Weg? Sprich es aus! Versuche, was dich noch hindert, zu formulieren!

Ich stehe an der Kreuzung. Ich stehe immer noch da. Schaue umher. Ich beobachte und fühle, fühle mit. Ich spüre den Ort, indem ich ganz hier bin, hier sein will, an der Kreuzung.

Doch um die Entscheidung zu treffen, um mich zu ent-scheiden, muss ich es tun. Ich muss den Weg wählen und gehen. Vielleicht führt er mich später wieder an die Kreuzung, je nachdem, wo ich wie abbiegen werde. Vielleicht führt er mich aber auch weiter, der Weg. Weiter zu mir und weiter zu Gott, näher zu mir und näher zu Gott!

Auf dem Friedhof

2017-10-16 11.21 – metaphorisch für das Gefühl des Abschiedes

Wie ist es, wenn ein Mensch stirbt? Ist es traurig oder schön? Bin ich dann fröhlich oder betrübt?

Er ist gegangen,
weg.

Sie hat uns verlassen,
tschüss gesagt.
Sie sind nicht mehr da.
Es schmerzt.

Und doch bin ich glücklich. Ich bin glücklich über die
schöne Zeit, die wir zusammen hatten. Ich bin froh, dass sie
nun endlich gehen durfte, sie hat es lange ersehnt. Nach
einem langen und erfüllten Leben darf man glücklich
zurück-schauen und glücklich dahin-scheiden.

Was kommt danach? Bei ihm selber, bei den
Hinterbliebenen? Er ist im Himmel, so nimmt man an, wir
noch auf der Erde, so fühlen wir uns.

Ich stehe am Grab,
schaue hinunter.
Ich bin überwältigt,
gleichzeitig von Trauer
und erleichternder Freude
erfüllt.
Tränen der Trauer,
gleichzeitig
Freudentränen,
fliessen
meine Wangen hinab.

Das Alte lasse ich zurück, wehmütig. Glücklich über das
erlebte, dankbar! In die Zukunft schaue ich, ich gehe

hoffnungsvoll, frohen Mutes und mit Zuversicht darauf zu.

Die vergangene Zeit war schön,
doch sie ist vergangen.
Die Zeit, die kommt,
wird das Ihrige bringen und
gut sein,
schön sein.

Der Kopf weiss nicht, wie es werden wird. Das Gefühl ist
verwirrt. Und doch *weiss* ich mit meinem ganzen Sein es ist
gut, es ist das, was jetzt kommen wird. Tiefer als in meinem
Gefühl „fühle" ich, dass es gut ist, dass es das „Richtige" ist,
das, was kommen soll und kommen darf und wie es sein
wird, gut!

Ich lasse los. Lasse sie im Grab liegen, in Frieden, in Ruhe, es
ist gut so. Ich lasse los. Lasse ihn zurück, nehme die
Erinnerungen mit, mit Freuden, mit einem Lächeln auf dem
Gesicht, es ist gut so.

Ich richte mich auf,
nachdem ich Abschied
genommen habe.
Ich gehe,
versöhnt
und gereinigt.
Ich kann gehen,
denn ich gehe in Frieden;

Was das Leben ausmacht

mit mir,
mit den anderen,
im Frieden ist
Schalom.

„Der Herr segne dich und behüte dich!
Der Herr lasse leuchten sein Angesicht über dir und sei dir Gnädig!
Der Herr erhebe sein Angesicht auf dich und gebe dir Frieden!"

Numeri 6, 24-26

In der Einsamkeit berge ich mich in Gott

2017-08-27 08.04

Ich bin draussen in der Welt
alleine
Ich bin draussen
ganz verlassen
und allein

Ich fühle mich
verlassen
von allem
und allen

Bergen möchte ich
mich
in deiner Gegenwart
Gott

Du bist
immer da
bist der Gott
der immer offene
Arme hat
für
mich

Immer kann ich
vor dich
kommen
und sein und
vor deinem Angesicht
mich fallen lassen

Ich lasse los
weil Gewichte
schwer lasten
auf mir

Ich lasse
mich befreien
vor dir
lasse alles dir

denn nun zählt nur
was ich vor dir habe
nämlich
nicht mal mehr mich
sondern alleine
DU
bist wichtig

In der Einsamkeit
schleppe ich mich
in deine Präsenz
Ich nehme
deine Hand
wenn ich nicht
mehr kann

Denn in deinem Jetzt
vor dir
kann ich sein
und es
ist gut

Ich berge
mich
in dir
dich
brauche ich

Wenn ich
mich einsam
fühle
ich mich
bei dir
geborgen

Versöhnt

2017-12-28 11.03 – Bei mir angekommen #03

Ich bin versöhnt.
Versöhnt mit Gott,
weil er mich versöhnt.
Ich bin versöhnt mit mir,
weil ich mit Gott versöhnt bin.

Ich habe mich mit mir
versöhnen lassen,
weil Gott mich
an-nimmt.
Ich kann es
mit dem Verstand
nicht fassen,
aber
es fühlt sich gut an.

Ich bin versöhnt,
darum
kann ich mich mit anderen
versöhnen,
wieder vertragen,
und andere
tragen,
wenn sie sich selbst
grad nicht finden und
sich fragen,
wo der Sinn
zu finden ist.

Wir kommen
wieder zueinander,
ich zu dir
oder
du auf mich zu,
wenn wir
entzweit wurden oder
aktiv unsere Beziehung
zerschlugen.

Wir kommen zusammen,
der andere
ist wieder
willkommen,
denn wir wollen

uns wieder vertragen,
versöhnen
einander
tragen.

Versöhnt mit Gott,
mit mir
und mit dir.
Bei mir angekommen,
einander angenommen,
Gottes Ja angenommen.

In dir bei mir angekommen

2017-12-28 11.03 – Bei mir angekommen #04

Ich komme zu mir
finde mich bei dir
Gott
denn du birgst mich
in dir
auch wenn mir
noch
so viele Fragen
verborgen
sind
sie doch

nicht
mehr wichtig
als dass ich
bei dir sein kann
und bei mir.

Angekommen
und angenommen
bei dir
durch dich
bei mir
mich
habe ich
gefunden
finden lassen
weil ich auf der
Suche
war
nach dir
und du mich
gesucht
hast.

Gefunden habe
ich mich
bei dir
und durch dich
mich wieder

schätzen
und lieben
gelernt
gefunden
in mir
und
in dir
bin ich
angekommen
bei mir.

Der Erlöser

2012-10-30 – by Miriam Geiser

Wie gross bist du,
der mich niemals verletzt.
Du schaffst eine Welt,
in der ein Samenkorn Berge versetzt.

Ein bisschen Glaube
und verstummt ist mein Schrei.
Sag nur ein Wort
und ich bin frei.

Was das Leben ausmacht

zu Bibeltexten. andachtsmässig.

Das grosse Gastmahl

2018-01-19 11.25 – Gedanken zu Lukas 14,15-24

Er sass am Tisch. Er sass da und wartete. Der Tisch war
reichlich gedeckt, mit viel Gemüse, Fleisch und Speck. Er
sass oben an der grossen Tafel, die rund endete, und als er
sich fragend wunderte, weshalb die Geladenen nicht
erschienen, räusperte er seine Stimme und setzte zum
Reden an: „Mein lieber Diener Florian, komm doch mal her.
Mich wundert so sehr, wo denn die ganzen Gäste bleiben.
Kannst du mal nachschauen und sie mir auftreiben, sonst
beginnt das Essen noch zu grauen...“

Nun spurtete der Diener los, suchte sie zu Hause, rannte
übern Hof und machte keine Pause, bis er mit der Meldung
zurückkehrte und erzählte die Geschicht: „Die können
leider alle nicht!“

Er sass am Tisch, noch immer alleine. Er sass da und
überlegte sich, was mach ich bloss? Da schickte er erneut
den Florian los. Er solle holen, die nicht gehen können. Er
soll bringen, die nicht sehen können.

Diese nun kamen herbei und setzten sich, es waren mehr als

zwei, die Halle füllte sich – allmählich.

Er sass am Tisch, nun nicht mehr einsam, denn da waren
einige Leute beisammen. Er sass da und schaute umher, da
war noch Platz - Platz war noch mehr! Er setzte an und
sprach zum Knecht: „Mein lieber Florian, seh ich das recht,
dass es noch Platz hat? Geh und such ausserhalb der Stadt,
hol dort alle, die du triffst und dräng sie, wenn du musst,
damit ich sie beherberge. Ich will, dass mein Haus voll
werde!"

Er sass am Tisch. Er sass da und freute sich, denn der
Festsaal füllte sich.

Der liebende Vater

2018-01-12 11.39 – Gedanken zu Lukas 15,11-24

Der Sohn zieht aus aus des Vaters Haus
und geht weit fort an einen fremden Ort.
Der Vater selbst ist ihm egal,
er will nur das, was er dann mal,
sowieso besitzen würde,
dass der Alte noch lebt, ist keine Hürde.

Der Sohn grenzt sich ab, wird beziehungslos,
die Beziehung zu Vater und Familie ist er nun auch
endlich los.

Er packt dann schnell sein Hab und Gut,
geht seines Weges mit frohem Mut.

Den Vater lässt er ganz zurück,
das juckt den Jungen gar kein Stück.
Der hat jetzt nämlich was er will,
seine Ruh' und Freiheit und davon ganz viel.
So geht er in die Welt hinaus,
verprasst sein Geld in Saus und Braus.

***

Umkehr: Ganz unten angelangt.
Ich hab von mir zu viel verlangt.
Eingestehen, dass ich gefallen bin,
ich nehm die Niederlage hin.

Umkehr: An die Wand gefahren.
Ich kann so nicht länger zersplittert ausharren.
Anerkennen, dass ich zerbrochen bin,
ich nehm das Scheitern als Status an.

Und er machte sich auf und ging zu seinem Vater...

***

Die „vorausrennende Liebe" des Vaters,
gegen alle Sitten und unter jeder Würde:
Liebe!

Vorauseilende Liebe,
vorauseilende Liebe des Vaters.
Er wurde verlassen und für tot erklärt,
er wurde vergessen, unter den Teppich gekehrt,
er wurde aufs Tiefste beleidigt und verletzt,
er lässt es geschehen, doch sein Herz schmerzt.

Die Liebe des Vaters, von jeher ein JA,
die Liebe des Vaters ist immer noch da!
Täglich hält er Ausschau, ob er vielleicht wiederkehrt,
täglich neue Hoffnung, voller Sehnsucht,
die ihn fast verzehrt.
So steht er da und gibt nicht auf zu hoffen,
täglich, jeden Morgen neu, ist er fest entschlossen,
dich zu empfangen, als sein Kind!

Freitagmorgen auf einer Bank - Gott sei Dank

2017-09-22 09.11

Freitagmorgen in der Sonne
auf einer Bank sitzend.
Ich bete mein Laudes.

O Gott, komm mir zu Hilfe! Herr, eile mir zu helfen!

Mir wird warm, bald heiss.
Die Sonne wärmt so wunderbar.
Ich zieh die Jacke, bald den Schal aus.

Lobt den Namen des Herrn! Sein Name allein ist erhaben.

Lobt ihn vom Himm... - ich werde abgelenkt.
Ein Blatt bewegt sich am Boden.
Ich schau hin und
komme ins Staunen.

Wie wunderbar hell erleuchtet der waldige Boden ist.
Welke Blätter in verschiedenen Formen
zusammengerollt.
Gras sprosst zwischen den Steinchen und grösseren Steinen
hervor.
Spinnweben fliegen glitzernd durch die Luft.
Eine Ameise krabbelt über den grossen Stein.
Da ist Leben.
Ich staune.

Ich bin berührt und komme ins Loben.
Ich danke Gott dafür, dass ich sehen kann.
Ich danke ihm für die Kuhglockengeräusche
und das Vogelsingen im Hintergrund
– dass ich hören kann ist auch Geschenk!

Ich lobe Gott

zu Bibeltexten. andachtsmässig.

für seine wärmende Gegenwart,
seine Liebe,
die mich
wie die Sonne
bestrahlt
und mir Leben gibt.

Ein Laudes kommt aus mir heraus,
ein Morgenlob aus meinem Herzen.
Gott hat es mir gegeben,
er hat mich damit beschenkt.
In diesen Morgenstunden wurde ich ermutigt.
Ich gehe ermutigt und gestärkt in den Tag.

Heute ist ein Geschenk Gottes, ein gesegneter Tag.

*Ehre sei dem Vater und dem Sohn
und dem Heiligen Geist.
Wie im Anfang, so auch jetzt und allezeit
und in Ewigkeit.
Amen*

Täglich suche ich Gott

2018-02-19 05.12

Täglich suche ich Gott,
denn er ist mein Schöpfer,

mein Ursprung
und mein Ziel.
Er ist der Grund,
weshalb ich lebe
und der Urgrund
meines Seins.

Mein erstes Wort am Morgen
und mein letztes am Abend
gehört dir, mein Gott.
Stehe ich am Morgen auf,
dann, um dir zu begegnen
an diesem Tag!
Was ich auch tun werde heute,
ich will es in deiner Gegenwart tun,
dich dabei loben
und mich an dir freuen!

Täglich suche ich dich, mein Gott!
Ich stehe am Morgen auf
und gehe in dein Haus.
Den Vögeln in den Bäumen
mache ich es gleich
und singe dir ein Lied,
singe dir meinen Lobgesang
von ganzem Herzen!

So unendlich frei

2014-08-08 – by Miriam Geiser – frei nach Psalm 30,12 und
Johannes 8,36

Du hast mich befreit.

Du hast mich befreit
von Furcht, Zorn, Rache und Hass
und mir dafür Vergebung geschenkt.
Du hast mich befreit
von Ablehnung, Minderwertigkeit und Scham
und mir dafür Hoffnung geschenkt.
Du hast mir meine Trauer genommen
und mir dafür Freude ins Herz gelegt.

Eine Freude, die in meinem Herzen übersprudelt,
aufsteigt,
und sich in meiner Kehle in ein Lachen verwandelt.
Ein Lachen, das von Innen kommt,
aus den Tiefen meines Herzens,
wo du jetzt wohnst.

Du hast es getan, du hast mich befreit.
Du hast mich von Allem
so unendlich frei gemacht.
Es ist vollbracht.
Denn wenn Du mich frei machst,
dann bin ich wirklich frei!

zu Bibeltexten. andachtsmässig.

Wo ist das Reich Gottes?

2017-11-11 19.35

Wo ist das Reich Gottes? Sag mir, wo ist es?
Kann ich es suchen, werde ich es finden?

Wie ist das Reich Gottes? Erkläre es mir!
Wie ist es beschaffen, wie sieht es denn aus?

Kann ich es sehen, ergreifen, betasten?
Kann ich es hören, riechen – wie fühlt es sich an?
Ist es gross oder klein?
Hat es eine Form – Dreieck, Quader oder Kreis?

Gibt es da Blumen, Pflanzen, Tiere? Gibt es da Bäume,
Blätter und Wald?
Gibt es da Stadt, Land, Fluss? Gibt es da noch Staaten,
Länder, Grenzen?

Wie werden wir leben? Als Mann und als Frau? Sind wir
dann noch körperliche Wesen?
Gibt es Krankheiten, werden wir genesen?

Wo und wie, so fragte ich mich.

***

zu Bibeltexten. andachtsmässig.

Wo ist das Reich Gottes?

Es ist da, wo ich sein kann, weil es gut ist.
Es ist da, wo ich sein darf, weil ich willkommen bin.
Das Reich Gottes ist da, wo ich wieder leben kann, weil Gott
mich mit mir und den Menschen versöhnt.

Es ist da, wo Vergebung geschieht,
wo Menschen einander wieder in die Augen sehen können.
Es ist da, wo das Böse durch das Gute überwunden wird,
wo Gott uns unsere Ängste nimmt und uns Mut zuspricht.
Das Reich Gottes ist da, wo der Tod keine Macht mehr hat,
weil Jesus Worte des ewigen Lebens hat.

Es ist da, wo nicht nur seelisch, sondern auch körperlich
Zerbrochenes wieder ganz wird,
da, wo Gemeinschaft wieder möglich wird und
das Trennende schwächer wird.
Es ist da, wo wir einander wieder annehmen können,
wo nicht mehr ich wichtiger bin als du,
da, wo Egoismus nicht mehr existiert und
Nächstenliebe möglich wird.
Das Reich Gottes ist da,
wo Beziehungsstörung nicht mehr stört,
weil Beziehung wieder heil wird,
da, wo Gott zu den Menschen in Beziehung tritt und
er deshalb im Zentrum steht.

Das Reich Gottes ist mitten unter uns!

zu Bibeltexten. andachtsmässig.

mit dem Leben kämpfen. Leid.

Spontane Gedanken aufgeschrieben

2018-05-11 14.53

Wer sind wir und wo gehen wir hin?
Und wenn alles Schweigen keinen Sinn mehr gibt,
beginnen wir zu sprechen!

Sie weint.
Wir weinen, wenn wir traurig sind.
Um all das Elend zu verarbeiten.
Es rauszulassen
und uns wieder leicht zu fühlen.
Wir weinen
über all der Sinnlosigkeit, die wir antreffen.
Über all der Hilflosigkeit und Gewalt,
über all der Verloren- und Zerbrochenheit
– Gleichgültigkeit.
Wir weinen - und was dann?

Wir stehen auf und bewegen uns.

Doch statt
Hand anzulegen,
wo Hilfe gefragt ist,

aufzurichten,
wo am Boden liegt,
gehen wir weiter.

Wir steigen in den nächsten Zug und
sind wieder weg.
Weit weg.

***

2018-05-14 09.28

Wir reden.
Wir reden und reden
und merken,
wie sinnleer
unsere Worte sind.

Wir sehnen uns nach Worten mit Inhalt.
Nach Gesagtem mit Bedeutung.
Bedeutung nicht nur für jetzt, für heute,
sondern auch für morgen.
Bedeutung für mich, Bedeutung für dich.
Inhalt und Sinn für ein Leben,
Relevanz und Erfüllung!

mit dem Leben kämpfen. Leid.

Alleine fühlt man sich nur halb ganz

2017-11-16 19.58

Alleine
fühl
ich mich nur
halb lebendig,
wie, wenn eine Hälfte
von mir
fehlt.

Alleine
fühl
ich mich nur
halb ganz,
sitze da
in meiner Wohnung,
allein.

Wenn die andere Hälfte von mir nicht da ist,
wenn die Geliebte
in einem anderen Land ihren Aufenthalt hat,
dann bin ich da,
nur mit mir.
Und ich fühle mich nur halb ganz,
fühle mich allein,
fühle mich allein nur halb lebendig.
Ich vermisse sie.

mit dem Leben kämpfen. Leid.

Ich will jetzt neben ihr liegen,
sie neben mir spüren.

Ich sitze im Wohnzimmer, Teetasse in der Hand,
ich stehe im Bad, putze die Zähne,
ich Koche am Herd, brate das Essen,
ich liege im Bett, denke Gedanken,
und ich fühle mich einsam, vermisse.

Mich langweilt mein Leben

2018-01-09 18.38

Mich langweilt mein Leben,
weshalb wäre ich sonst so lustlos?
Morgens aufstehen,
in die Küche gehen,
Frühstück richten.
Was wird mich heute verpflichten?

Zu Tische sitzend,
Frühstück einschiebend,
den Tag durchdenken.

Was steht heute an?
Alles was ich tun kann,
manchmal weniger,

manchmal mehr,
wenn ich mir Zeit nehmen würde,
wenn ich Lust hätte.

Mails lesen, Administratives.
Spazieren gehen, um den Kopf zu verlüften.
Mittagessen, Hausbesuch.
Mails weiterlesen, Organisatorisches.

Es ist alles so banal,
da ist nichts Aufregendes.
Alles Alltägliches,
nichts Aussergewöhnliches.

Mich langweilt mein Leben,
weshalb wäre ich sonst so gleichgültig?
Was brauche ich,
damit mein Herz wieder höher schlägt?
Was brauche ich,
damit mein Alltag wieder schmerzt,
vor Freude, vor Leidenschaft?
Was durchbricht den Einheitsbrei,
was macht mich wieder frei,
mich zu freuen?

Ich will Dinge erleben, die mich wach machen,
will Erlebnisse sehen, die ein Feuer in mir entfachen.
Ich will neue Begeisterung spüren,
wieder erkennen: „Ich kann Leben fühlen."

mit dem Leben kämpfen. Leid.   69

Ich brauche etwas, das mich beansprucht.
Ich will leben voller Energie, keine Lebensflucht.
Möcht nicht an eine Sucht mich binden,
ich hab Sehnsucht, will Leben finden.

Ich brauche etwas, das mich herausfordert.
Ich will Feuer sehen, wo die Flamme lodert.
Möchte mich heraus-rufen lassen,
nicht länger im Dunkeln weiter tastend
nach dem Aufregenden suchen,
ich will auch keinen Schokoladenkuchen.

Ich will das leben, was mich ködert,
will das tun, was meine Lebensfreude fördert.

Mich langweilt mein Leben,
doch weshalb sitze ich noch hier?
Ich muss hier nicht sein,
ich muss mich nicht langweilen!

Pack zusammen all deinen Mut und all deine Lust,
lass hinter dir alle Verzweiflung und den Frust.
Steh auf, leg ab, Leinen los.
Mach einen Schritt, dann den nächsten,
wag einen Vorstoss.

Da liegt so viel Potenzial,
in dir, in diesem Tag!
Und versuche jedes Mal,

mit dem Leben kämpfen. Leid.

wenn du dich
vor einer Entscheidung siehst
und dich fragst,
was denn jetzt zu tun sei,
dann fühl dich frei,
das zu tun, was dich reizt,
das, was du jetzt gerne
tun würdest und spürst,
tief in deinem Inneren,
dass es dich dorthin führt,
wo du zu sein hast!

Gott heile mich

2012-10-28 – by Miriam Geiser

Gott, heile mich,
ich brauche dich.
Sag mir, was muss ich tun für dich,
dass du mich wieder annimmst?

Du bist nicht zornig,
wenn mein Herz verbrennt.
Dein Zorn ist heilig,
doch was ist es, das uns trennt?

Ich blute und blute
und es hört nicht mehr auf.
Gott, gib mir Hoffnung,
sonst steh ich nicht mehr auf.

Ich weiss, du sagst:
Ich liebe dich!
Doch ich kann es nicht glauben;
du starbst nur für mich?!

Ich muss nicht mehr sterben,
weil du lebst.
Und ich kann leben,
weil du mit mir gehst.

Gott, du führst mich
und du leitest mich
und du nimmst mich bei der Hand

und sollte ich jemals wieder denken,
ich stosse an die Wand,

dann lass mich spüren,
dass du bei mir bist,
lass mich sehen,
dass du ins Schwarze triffst.

mit dem Leben kämpfen. Leid.

HERR, ich warte hier
auf deine Herrlichkeit.
Und ich sehne mich nach dir
bis in alle Ewigkeit.

Amen.

Wenn es draussen regnet - Regen

2018-03-28 09.59

Wenn es draussen regnet,
wäscht *er* die Dächer wieder sauber.

Wenn der Himmel weint,
werden kreideweisse Masken fortgespült,
emotionslose Gesichter geben Trauer zu,
lassen Tränen freien Lauf.

Was ungut war, geht vorbei,
wird in Trauer und Schmerz herausgeschüttet
und dem grossen Strom abgegeben,
der ins Tränenmeer fliesst –
durch Trauer verarbeitet,
dem Schöpfer abgegeben und
heil gewaschen.

Lässt alles los,
jede Hemmung fort.
Hemmungslos
den Gefühlen freien Lauf,
alles darf heraus,
es muss!
Und neue Freiheit kommt.
Neue Freude, neue Liebe.
Leichtigkeit und wohliges Gefühl.

Es ist einfach wieder gut.
Irgendwann ist es einfach wieder gut.
Unerklärlich.
Unsäglich.
Durch Trauer hindurch,
Tränen vergossen,
Schmerz herausgeschrien,
durch Stürme hindurchgewacht.
Neuen Frieden gefunden!

***

Regentropfen fliessen
die Scheibe herunter.
Ich sitze im Zug
und schaue
durch sie hindurch
nach draussen.

mit dem Leben kämpfen. Leid.

Regen prasselt
beruhigend sanft
auf die Kapuze meiner Jacke.
Ich gehe
durch die Strassen,
durch den Regen,
Freude am Wetter,
glücklich!

***

Der Regen draussen
wäscht alles herunter
und alles weg,
was schädlich ist,
was noch belastet
und einschränkt.

Feinstaub
wird aus der Luft gewaschen
und Pollen.
Das Salz des Winters
wird von den Strassen gespült
und die schmutzigen Abgase
von der Hausfassade.

***

mit dem Leben kämpfen. Leid.

Ich wünsche dir,
dass auch du dich
rein waschen lässt
von Gott,
durch seine Tränen,
die er um dich
vergossen hat!

Gottes Tränen,
die er um dich
geweint hat,
waschen dich
reiner
als der Sommerplatzregen
die Strassenkreiden
von der Strasse zu spülen
vermag.

ER kennt
deine Trauer und
deinen Schmerz!

ER hat geweint,
um den Schmerz,
der dein Herz
entzwei gerissen hat,
um die Wunden,
die andere

mit dem Leben kämpfen. Leid.

und du selber
deiner Seele
zugefügt haben.

ER hat
dein Leid
gesehen
und um dein Leben
gerungen!

Mit jedem Atemzug am Kreuz,
mit jedem Tropfen Blut
und jeder Träne,
die seine Wange herunterlief,
herunterfloss,
hat er
um all das
gekämpft,
all das
beseitigt,
was dich trennt –
dich trennt von ihm,
von Menschen
und vor dir selber,
all das
hat er
am Kreuz
getragen!

ER hat dich
freigesetzt!
Hat viele Tränen
vergossen,
damit du
Leben hast!
Tränen sind
verflossen,
er hat dich
zu seinem Kind gemacht!

***

Der Regen draussen fällt
ich tanze mit den Tropfen
das fallende Nass, das mir gefällt
lässt mich immer wieder hoffen

Das düstere Grau wird durchbrochen
die tagelang hängende Hochnebelschicht
verformt sich, wird durchstochen
und statt blauem Himmel oder Licht
fällt Wasser auf die Erde
verwandelt die Landschaft
und erfrischt

mit dem Leben kämpfen. Leid.

Die Düsterkeit ist vorbei und wird weggespült
die Sonne ist nicht länger
von Wolken oder Nebel verhüllt
die eintönig graue Stimmung,
Emotionslosigkeit löst sich auf
und tränengleich
fallen Tropfen vom Himmel

***

Die Sonne weint und
auch ich hätte
die bedrückend leere Stimmung
Stimmungslosigkeit
nicht länger ausgehalten

Regen schafft Stimmung
am Boden
auftreffende Tropfen
verspritzen Fröhlichkeit
oder fallen
voll Trauer
auf die Felder

Die Schleusen des Himmels
öffnen sich
hemmungslos
lassen sie alles heraus
aus voller Kanne

mit dem Leben kämpfen. Leid.

Stauseen
leeren sich
Stauseen
werden dadurch
gefüllt

***

Regen setzt der Trägheit ein Ende
löst Emotionslosigkeit auf
Regen wäscht alle Trauer weg
und giesst Segen aus
damit Pflänzlein wachsen können

Regen kommt nach der Düsterkeit
nach dem Regen kommt die Sonne wieder
die Sonne lässt die Pflanzen wachsen
doch ohne Regen entsteht Wüste und Tod
Regen bringt Segen
denn (auch) er kommt von Gott!

Auf der Suche nach Lebensinhalt

2018-02-03 17.23

Samstag Nachmittag. Auf der Suche nach Lebensinhalt.
Lächeln und winken!

mit dem Leben kämpfen. Leid.

Typischer Novemberhochnebel. Nichts zu tun heute. Frei. Auf nichts Lust. Das darf sein. Aber es löst ein Verlangen in mir aus, ein Hunger nach Lebensinhalt. Womit fülle ich meinen Tag?

Reicht es, einfach mal nichts zu tun? Macht es mich zufrieden?

Mittagessen kochen. Musik machen. Mittagsschläfchen halten. Dessert essen. Küche aufräumen. Gesellschaftsspiel spielen.

Retrospektiv klingt es gar nicht nach Nichts, sondern erfüllend. Doch da war immer wieder das sehnende Gefühl nach Lebensinhalt. Manchmal ist wohl weniger mehr!

***

Samstag, späterer Nachmittag. Auf der Suche nach Lebensinhalt. Lächeln und winken!

Nach Maillesen und Kücheaufräumen machte ich mich auf nach Haus. Ich ging los, in die Stadt hinunter und es tat mir gut, das Leben zu sehen. Die Menschen sind unterwegs. Ich bin auch unterwegs. Auf dem Bahnsteig warten sie. Ich warte auch. Und schaue umher. Ein Hund. Ein Kind. Zwei Teenies zusammen am telefonieren in einer fremden Sprache.

Am Zürich HB machen mich die Leute fröhlich. Ich freue

mit dem Leben kämpfen. Leid.

mich an Menschen. Es lebt. Das macht mich glücklich. Ich darf einfach mitleben, unterwegs sein und den Gesprächen zuhören. Das tut mir gut!

***

Kopfschmerzen. Müdigkeit. Einsamkeit und Motivationsverlust. Auf der Suche nach Lebensinhalt. Lächeln und winken?

***

Im Leben geht es nicht darum, den Tag zu füllen, sondern erfüllt zu leben. Es ist nicht das Ziel, zu leisten und produktiv zu sein, sondern zu leben!

*** ***

2018-02-04 09.30

Sonntag Morgen. Auf der Suche nach Lebensinhalt. Teetrinken und lesen!

Immer noch Novemberhochnebel. Keine Lust aufzustehen, obwohl ich um 7 Uhr hellwach war. Einfach noch länger liegen bleiben... Ich schlafe wieder ein, wache immer wieder auf. Als ich um 8 Uhr aufstehe, bin ich wieder müde.

Gemütlich frühstücken. Lesen daneben. Gute Bücher, Kurztexte von älteren Pfarrfreunden. Gemütlich.

mit dem Leben kämpfen. Leid.

Reicht es, heute *nur* meine Wohnung aufzuräumen und zu lesen. Zu Mittag zu essen und am Abend wieder schlafen zu gehen?

***

Als ich in die Kirche komme, erklingt wunderbare Lobmusik. Ich werde heute Predigen und freue mich darauf. Die Musik erfüllt mein Herz. Lebensinhalt! Ich bin fröhlich und singe mit. Gemeinschaft – Lebensinhalt!

Was mein Herz erfüllt, ist Lebensinhalt!

***

(13:56)

Sonntag Nachmittag. Auf der Suche nach Lebensinhalt. Teetrinken und lesen.

Die Sonne kommt aus den Wolken. Wohlig warm scheint mir das Sonnenlicht ins Gesicht. Ich beginne zu strahlen. Freude erfüllt mich. Lebensinhalt.

Mittagsschlaf. Ein Sonntagsspaziergang. Lebensinhalt. Wäsche zusammenlegen, die Wohnung wieder herrichten. Eine Schallplatte hören. Lebensinhalt.

Teetrinken und lesen. Lebensinhalt!

Zwischenzeit

2017-12-16 15.55

Zwischenzeit.
Zwischen zwei Zeiten.
Zwischen zwei Orten.
Zwischen überall und nirgends.
Zwischen Mittagessen und Kaffee.
Zwischen Besuch und Besuch.
Nicht da und nicht dort.
Und doch noch hier.
Ich bin dazwischen,
Übergangszeit.

Zwischenzeit,
ich bin zwischen zwei Zeiten.
Gestern ist nicht mehr und morgen noch nicht.
Ich bin zwischen Prüfung und Gemeindearbeit.
Samstag.

Gestern war die Klausur über Theologie- und
Kirchengeschichte. Morgen ist Gemeindeweihnachten.
Heute ist Samstag.

Ich sitze in meinem Gästezimmer,
nicht mein Zimmer
und doch sitz ich da,
vorübergehend ist es meins.

mit dem Leben kämpfen. Leid.

Vorübergehend
war ich da
und wenn die Zeit vorüber-gegangen ist,
werde ich dort sein.
Dann bin ich nicht mehr hier,
doch jetzt ist Zwischenzeit.

Zwischenzeit,
ich bin zwischen zwei Orten.
Anfang Woche war ich in der alten WG
nächste Woche werde ich wieder Zuhause sein.
Doch jetzt bin ich im Gästezimmer.

Ich sitze am Schreibtisch, höre Musik.
Mein Koffer steht offen, das Bett halb abgezogen.
Mein Tee in der Tasse,
Ladegerät des Computers auf dem Tisch.
Ich bin dazwischen,
zwischen so vielem,
und so fühlt sich mein Gemüt,
so fühle ich mich.

Wie fühlt sich die Zwischenzeit an?
Schwebend auf eine Art,
weder da noch dort.
Und doch bin ich ja hier.
Noch.
Die Motivation des Lernens und Aneignens neuen Wissens
ist verflogen.

mit dem Leben kämpfen. Leid.

Die Motivation für die Gemeindearbeit, für das Nächste
ist noch nicht da.
Noch will ich nicht packen
und doch ist es das einzige,
was ich heute tun will,
was ich zu erledigen habe.

Den Schauplatz verlassen,
den Ort der vorläufigen Heimat.
Den Kampfplatz hinterlassen,
geordnet und so wie zuvor. Meine sieben Sachen
mit-nehmen,
mit Tasche umgehängt und Koffer in der Hand
Abschied-nehmen.

Zwischenzeit,
ich bin zwischen Mittagessen und Kaffee.
Eben war ich auf Besuch, bald werde ich auf Besuch gehen.
Ich habe Freunde getroffen, werde Freunde treffen.
Zwischendurch habe ich Zeit für mich,
entspannen, Kraft tanken, mich freuen.
Ich hab Zeit für mich,
Zwischenzeit
und doch nicht eine Zwischenzeit,
denn ich nehme mir bewusst
Zeit für mich, zum *Zeit-haben*.

***

mit dem Leben kämpfen. Leid.

Ich bin in der Zwischenzeit.
Ich wollte einen Text schreiben
über dieses Vakuum, dieses Gefühl,
weder da, noch dort zu sein.

Ich schreibe und merke,
dass die Zwischenzeit
mir sehr wertvoll ist.
Der Druck ist weg
und jetzt ist der Unter-druck da,
auch eine Art Druck,
den ich aushalten muss.

Ich befinde mich,
wie an der Ampel stehend,
rot,
in einer Wartezeit.
Ich warte,
Weg liegt hinter mir,
Weg liegt vor mir,
doch ich stehe jetzt.

In der Zwischenzeit kann ich ganz sein,
mich sammeln, mir Gedanken machen.
Zurückschauen und Vorschau nehmen
auf das, was kommt.

mit dem Leben kämpfen. Leid.

Zwischenzeit ist schwierig auszuhalten
und doch liegt, sie zu nutzen,
nicht im Tun,
sondern im Sein
und sein lassen.

Ich *nutze* die Zeit,
indem ich sie nicht ausnütze,
sondern allen Nutzen sein lasse
und mich *sein* lasse.

Im Jetzt.
Im Jetzt sein.
Mich sein,
da sein,
einfach nichts müssen,
es muss grad nichts sein.

Zwischenzeiten kommen und gehen:
Zwischenzeiten geniessen!

mit dem Leben kämpfen. Leid.

Was das Leben ausmacht – ein Gedicht

2018-02-12 11.45

Draussen Schnee,
drinnen Tee.
Während es schneit,
suche ich nach Heiterkeit.
Das weiche Weiss, der Himmel klar,
das Leben ist doch wunderbar!

Sitzend am Tisch, die Bibel aufgeschlagen,
Tee in der Hand, kann das Geniessen wagen.
Vom heissen Getränk einen Schluck trinken,
mit Wolldecken im Sofa versinken.
Hineingeschmiegt in viele Kissen,
meine Liebste am vermissen.

***

Schlafen, Essen, Zeit mit Gott verbringen,
Gemeinschaft pflegen, Musizieren, Singen.
Zeit geniessen, tun, was ich gerne hab,
manchmal gehts bergauf und dann wieder bergab.

Den Moment geniessen,
Skifahren auf den Pisten.
Kochen und dann essen,
genug schlafen nicht vergessen.

Kaffee trinken in der Sonne, sitzen oder stehn
und mit Freunden Wandern gehn.
Ich nehme das Leben Stück für Stück,
und freue mich an jedem Augenblick.

Musik hören, einfach sein,
schlage das eine über das andere Bein.
Mittagessen – schmeckt das lecker,
mit Genuss Brot backen, wie ein Bäcker.

Kochen, schlemmen, sondergleichen,
Kichererbsen dann noch gut einweichen.
Mit Salz und Pfeffer Fleisch abschmecken,
mit Sauerrahm die Sauce strecken.

Käse hobeln, Gemüse schälen,
sich dabei Geschichten erzählen.
Leben, einfach glücklich sein,
sich freuen an den Dingen, auch den kleinen!

Was das Leben ausmacht – ein Gedicht

weitere Veröffentlichungen in der
BenG-Buchreihe:

Spannendes...

Gedanken von Benjamin G.

Spannendes... Eine Sammlung von Gedanken und Erlebnissen des Benjamin G. In seinem ersten Buch „Spannendes ..." ist ziemlich ungefiltert *Allgemeines, Philosophisches, Besinnliches, Witziges* - manchmal auch *Sinnloses* - sowie eher *Tiefes* und *Persönliches* zu finden. Eine bunte Sammlung aus den letzten Jahren.

180 Seiten – ISBN 978-3-7460-1134-9